BEI GRIN MACHT SICH IHR WISSEN BEZAHLT

- Wir veröffentlichen Ihre Hausarbeit,
  Bachelor- und Masterarbeit

- Ihr eigenes eBook und Buch -
  weltweit in allen wichtigen Shops

- Verdienen Sie an jedem Verkauf

Jetzt bei www.GRIN.com hochladen
und kostenlos publizieren

Britta Himmeln

Formen der Lern- und Leistungsdiagnostik

GRIN Verlag

Bibliografische Information der Deutschen Nationalbibliothek:

Die Deutsche Bibliothek verzeichnet diese Publikation in der Deutschen National-
bibliografie; detaillierte bibliografische Daten sind im Internet über http://dnb.d-
nb.de/ abrufbar.

Impressum:

Copyright © 2011 GRIN Verlag GmbH
Druck und Bindung: Books on Demand GmbH, Norderstedt Germany
ISBN: 978-3-656-02269-5

Dieses Buch bei GRIN:

http://www.grin.com/de/e-book/179811/formen-der-lern-und-leistungsdiagnostik

GRIN - Your knowledge has value

Der GRIN Verlag publiziert seit 1998 wissenschaftliche Arbeiten von Studenten, Hochschullehrern und anderen Akademikern als eBook und gedrucktes Buch. Die Verlagswebsite www.grin.com ist die ideale Plattform zur Veröffentlichung von Hausarbeiten, Abschlussarbeiten, wissenschaftlichen Aufsätzen, Dissertationen und Fachbüchern.

Besuchen Sie uns im Internet:

http://www.grin.com/

http://www.facebook.com/grincom

http://www.twitter.com/grin_com

Pädagogische Hochschule Schwäbisch Gmünd

FACHBEREICH: Erziehungswissenschaft

Seminar: Diagnose und Förderung

Sommersemester 2011

Thema der Wissenschaftlichen Arbeit:

Formen der Lern- und Leistungsdiagnostik

Mündliche und schriftliche Leistungsmessung

Semester: 8

Datum der Abgabe: 07. Juni 2011

Inhaltsverzeichnis

1. Einleitung

> *„Gleiche Anforderungen an alle, uniforme Lernsituationen, Bewertungs-*
> *maßstäbe, die sich auf die Rangfolge in der Lerngruppe oder auf für alle*
> *verbindliche Lernziele beziehen, verstoßen elementar gegen [das] [...]*
> *Entfaltungsrecht.“* [1]

In seinem Aufsatz *Die pädagogische Leistungskultur – eine Positionsbestimmung* formuliert Bartnitzky, dass Schüler[2] nicht nur subjektiv betrachtet sondern auch gesetzlich verankert ein Recht auf Entfaltung haben. Er beruft sich in dieser These auf das Entfaltungsrecht im Grundgesetz, Artikel 2, Absatz 1, welches besagt, dass jeder das Recht auf die freie Entfaltung seiner Persönlichkeit hat. 'Gleiche Anforderungen und uniforme Lernsituationen' drängen somit das Individuum als solches an den Rand und zwingen dem Einzelnen Strukturen auf, welche nicht auf diese Person zugeschnitten sind. Dies hat zur Folge, dass Schüler eingeschränkt sind in ihrer Entwicklung und somit in ihrer Identitätsfindung.

Schüler sollen eigentlich die Möglichkeit bekommen ihre Individualität in der Schule zu entwickeln, dennoch werden heutzutage immer häufiger Bewertungsmaßstäbe ausgearbeitet, die leider zu einer verstärkten Auslese führen. Woran mag das liegen?

Unsere Gesellschaft wird immer leistungsorientierter und verlangt nach ihren besten und qualifiziertesten Arbeitern. Demzufolge findet eine stärkere Auslese statt, kurzum 'die Spreu wird vom Weizen getrennt'. Demgegenüber steht allerdings das heutige stark umworbene Lehrkonzept. Zukünftige Lehrer werden darin ausgebildet traditionelle Lehrmuster aufzubrechen und die Interessen und Traditionen ihrer Schüler mehr in der Schulalltag mit einzubauen. Individualität wird als hohes Gut betrachtet.

---

[1] Bartnitzky 2004, S. 28
[2] Der folgende Text verwendet die männliche Form, da es zu umständlichen Satzkonstruktionen führt, immer sowohl die männliche als auch die weibliche Form der Bezeichnung von Personen zu verwenden. Dies ist nicht als Vernachlässigung oder Geringschätzung der Schülerinnen, Lehrerinnen oder etc. zu verstehen. Vielmehr dient es der besseren Leserlichkeit des Textes.

Bartnitzky erklärt, dass sich dieser Zwiespalt in den Ergebnissen der PISA-Studie 2001 wiederspiegelt und fordert eine pädagogische Leistungskultur „in der Kinder nicht beschämt, sondern ermutigt werden".[3]

Da Schule als Institution jedoch eine Brücke schlägt zwischen dem Familien- und Berufsleben müssen Leistungen nach bestimmten Maßstäben gemessen werden um dem Gesellschaftsleben gerecht zu werden. Dies wird vor allen Dingen in Deutschland als wichtig erachtet, da das deutsche Schulsystem bereits in sich Schüler nach ihren kognitiven Leistungen, nach der gemeinsamen Grundschule, auf vier verschiedene Schultypen aufteilt.

Im Laufe der Jahre wurden die unterschiedlichsten Formen der Lern- und Leistungsmessung entwickelt. Traditionelle Formen der Leistungsmessung sind den Schulen erhalten geblieben, wie beispielsweise die schriftliche und mündliche Leistungsmessung.

In dieser wissenschaftlichen Arbeit werde ich zunächst die Begriffe der Leistung und Diagnose definieren um im Anschluss im Besonderen auf die schriftliche und mündliche Leistungsmessung eingehen zu können. Ich werde versuchen Unterschiede, und ihre Vor- und Nachteile herauszuarbeiten und diese Formen der Leistungsmessung hinsichtlich der Frage danach analysieren, ob sie der Individualität der Schüler Raum lässt oder ob sie gegen das Entfaltungsrecht verstoßen und womöglich den Anspruch des Kindes auf Individualisierung verletzen.

---

[3] Bartnitzky 2004, S. 28f.

2. Terminologie

Im Verlauf des Seminars „Diagnose und Förderung" wurden die Begriffe Diagnose und Leistung genauer definiert, um zu verstehen welche Bedeutung diese Begriffe für die Leistungsmessung von Schülern haben. Grundsätzlich lässt sich sagen, dass das Interesse bezüglich dieser Begrifflichkeiten aufgrund der großen internationalen Schulvergleichsstudien immer mehr steigt.

2.1. Leistung

In erster Linie beschreibt der Begriff Leistung zunächst das Gelingen, beziehungsweise das Ergebnis einer ausgeführten Arbeit. Sacher beschreibt diesen Begriff noch einmal genauer und erklärt, dass

> „Leistung [...] der Vollzug und das Ergebnis einer Tätigkeit [ist], die mit Anstrengung verbunden, auf die Erlangung eines Zieles gerichtet und auf Gütermaßstäbe und Anforderungen bezogen ist."[4]

Wie bereits erwähnt, ist „das Leistungsprinzip [...] ein gesellschaftliches Verteilungsprinzip, nach dem Berufs- und Lebenschancen zugemessen werden."[5] Dieser Punkt muss betont werden, da sich der Begriff Leistung nicht nur auf den schulischen Rahmen bezieht, sondern die Persönlichkeitsentwicklung, die Identitätsfindung eines Menschen ebenso als Leistung gewertet werden kann.

Kinder werden in unserem Schulsystem anhand ihrer Leistungen, welche sie erbringen bewertet. Es gibt die unterschiedlichsten Formen der Leistungsmessung, seien es Tests, Arbeiten, Referate, Hausarbeiten oder Portfolios. Zum Ende jedes Schulhalbjahres erhalten alle Schüler ein Zeugnis, welches die erbrachten Leistungen in den einzelnen Fächern mit den Noten sehr gut (1) bis ungenügend (6) bewerten. Diese Noten erschließen sich in den meisten Fällen aus den schriftlich und mündlich erbrachten Leistungen der Schüler.

---

[4] Sacher 2007, S. 284
[5] Ebd., S. 284

Oft wird das Notensystem kritisiert, da sich häufig eine subjektive Bewertung von Seiten der Lehrer beobachten lässt. Aufgrund dessen wurden im Laufe der letzten Jahre immer mehr standardisierte Testverfahren eingeführt um eine möglichst faire Leistungsbewertung zu gewährleisten.

2.2. Diagnose

Zunächst lässt sich sagen, dass eine Diagnose nach einer möglichst genauen Einschätzung des Ist-Zustandes, betreffend der Fähigkeiten einer Person, strebt. Es handelt sich in den meisten Fällen um eine empirisch untersuchte Aussage über die Leistungen des Einzelnen, mit dem Ziel Leistungen voneinander zu unterscheiden. Es gibt verschiedene Bereiche der Diagnostik.

Die wohl bekannteste und am meisten verwendete Diagnostik in der Schule ist die Intelligenzdiagnostik. Sie gehört zur klassischen Leistungsdiagnostik und „dient der Bestimmung der intellektuellen Leistungsfähigkeit einer Person".[6] Als Mittel der Untersuchung dienen in diesem Bereich hochgradig standardisierte Intelligenztests, wie beispielsweise die *Wechsler-Bellevue Intelligence Scale*.[7]

Generell müssen Tests für die Leistungsmessung standardisiert sein, da nur dann eine möglichst genaue Messung der Leistung festgestellt werden kann. In der Regel müssen daher drei Gütekriterien auf die pädagogische Diagnostik übertragen werden, die der Objektivität, der Reliabilität (Genauigkeit) und der Validität (Gültigkeit).[8]

Letztendlich soll eine Diagnose dem Lehrer im Schulalltag helfen die Leistungen seiner Schüler besser einschätzen zu können, um aufgrund der Ergebnisse einen individuell gestalteten Unterricht realisieren zu können.

---

[6] Schweizer 2006, S. 70
[7] Vgl. ebd., S. 76
[8] Studienseminar Koblenz: http://www.zweigstelle.studienseminar-koblenz.de/medien/pflichtmodule_ unterlagen/2010/13/2%20Leistungsdiagnostik%20und%20Leistungsmessung%20(Skript).pdf

3. Formen der Lern- und Leistungsmessung

> *„Prüfungen, Zensuren und Zeugnisse erfüllen ein Vielzahl von Funktionen: Selektions-, Sozialisations-, Legitimations-, Kontroll-, Rückmeldungs- und Informationsfunktion, diagnostische und prognostische, manchmal auch disziplinierende und (leider viel zu selten) lernerzieherische Funktionen."*[9]

Das Buch *Leistung in der Schule* wurde im Jahre 1978 veröffentlicht. Trotz der großen Zeitspanne, die zwischen damals und heute liegt formuliert Nipkow einen Gedanken, der immer noch auf die heutige Zeit zugeschnitten ist. Er bemerkt, dass

> *„Lernen [...] aufgrund der angedeuteten Entwicklung [er meint die Überlagerung des Lernens durch die Ausdehnung der Qualifikations- und Selektionsfunktion auf das Schulsystem] in einem pädagogischen Bildungszusammenhang und in einem gesellschaftlichen Verwendungszusammenhang [steht]."*[10]

Diese Entwicklung, die sich heute noch stark bemerkbar macht, hat dazu geführt, dass Lernen automatisch in Verbindung zu dem Begriff Leistung steht und demzufolge zu einem starken Konkurrenzgedanken.

Wie bereits erwähnt gibt es die verschiedensten Formen der Leistungsmessung. Ausgehend vom Bildungssystem gibt es zunächst einmal die übergeordneten Formen, nämlich die schulische und die vergleichende Leistungsmessung. Die schulische Leistungsmessung findet klassenintern statt, sie kann schriftlich oder mündlich durchgeführt werden und soll für die Schüler als Rückmeldung dienen und dem Lehrer den Wissensstand seiner Klasse verdeutlichen. Demgegenüber steht die vergleichende Leistungsmessung. Sie findet auf überregionaler, beziehungsweise internationaler Ebene statt, fragt Grundkenntnisse ab und die Ergebnisse sollen den Wissensstand des Bildungssystems des jeweiligen Landes wiederspiegeln.

In diesem Kapitel möchte ich mich im Besonderen auf die alltägliche Leistungsbeurteilung im Unterricht konzentrieren.

---

[9] Sacher 2007, S. 285
[10] Nipkow 1978, S. 11

3.1.   Mündliche Leistungsmessung

Eine Bewertungsmöglichkeit in der Schule bietet die mündliche Leistungsmessung. Hier können die Schüler beispielsweise ein freies oder ein themengebundenes Referat halten, sie können Gedichte oder Lieder vortragen oder sie werden zu einem bestimmten Thema mündlich geprüft. Außerdem zählt zu der mündlichen Leistungsmessung die Bewertung der mündlichen Beteiligung eines Schülers im Unterricht.

Die Vorteile einer solchen mündlichen Leistungsmessung sind, dass Unklarheiten sofort behoben werden können und der Schüler oder Lehrer schnell und flexibel auf Fragen oder Antworten eingehen kann. Fernerhin hat der Schüler die Möglichkeit seine Prüfung 'selbst in die Hand zu nehmen' und verspürt somit keinen zu starken Kontrollverlust der zu Unsicherheit führen kann. Dennoch besteht auch bei dieser Form der Leistungsmessung die Gefahr der Prüfungsangst.

Auf der anderen Seite muss erwähnt werden, dass die Lehrerrolle stark gefordert ist in der mündlichen Leistungsmessung, da der Lehrer bei diesem Verfahren gezwungen ist spontan zu interpretieren, seine Erwartungen vorformuliert zu haben und seine Vorurteile im besten Fall komplett außer Acht zu lassen. Nur so kann ein möglichst genaues Ergebnis entstehen.

Sacher legt die Vorteile dieses Verfahrens als Nachteile aus, aufgrund der stattfindenden Interaktivität während einer solchen mündlichen Leistungsmessung. Er führt aus:

> „Mündliche Prüfungen sind interaktiv: Prüfer und Kandidat tauschen während der Prüfung beständig Inhalts- und Beziehungsbotschaften aus, welche den Verlauf und Erfolg der Prüfung stark beeinflussen. Dadurch kann es zu erheblichen Verfälschungen der Leistungen kommen."[11]

In diesem Fall würde das bedeuten, dass eine mündliche Leistungsmessung den Gütekriterien nicht mehr gerecht werden würde. Hinzu kommt, dass die Leistungen nicht festgehalten sind und die Transparenz der Bewertungsmaßstäbe nicht unbedingt ersichtlich ist. Dennoch könnte man diesen Nachteil ebenso positiv formulieren. Da der Lehrer flexibler nachfragen und helfen kann könnte man

---

[11] Sacher 2007, S. 297

angelehnt an diese These behaupten, dass die Leistung und der Wissenstand eines Schülers dadurch viel genauer feststellbar ist als in einer Klassenarbeit.

Diese Form der Leistungsmessung birgt eine große Chance, da die Schüler lernen ihre Gedanken, Ideen und ihr erlerntes Wissen verbal zu äußern und gegebenenfalls ihren Standpunkt bezüglich eines bestimmten Themas anderen gegenüber zu vertreten und zu begründen. Der Lehrer bekommt hier die Möglichkeit die Entwicklung der Präsenz, der Sprache und des Verhaltens der Schüler zu beobachten und zu bewerten. Die Schüler sind durch eine solche Leistungsmessung nicht ganz so eingeschränkt in ihrer Identität und lernen sich zu präsentieren.

Trotz dieser starken Vorteile muss bemerkt werden, dass diese Art der Leistungsmessung eine klare Organisation von Seiten des Lehrers verlangt. Aufgrund der hochgradigen Spontanität in einer solchen Prüfung müssen Bewertungsmaßstäbe genau festgelegt werden und Lehrer müssen zuvor ihre Anforderungen und Erwartungen bezüglich der Prüfung ihren Schülern gegenüber deutlich formuliert haben.

3.2. Schriftliche Leistungsmessung

Zu den wohl beliebtesten und vielleicht auch bewährtesten Formen der Leistungsmessung zählt die schriftliche Leistungsmessung.

Eine schriftliche Prüfung, genauso wie eine mündliche Prüfung wird vom Lehrer zeitlich begrenzt. Ebenso wie eine mündliche Prüfung bietet die schriftliche Leistungsmessung verschiedenste Formate. Schüler sind gefordert ihr Wissen bezüglich eines festgelegten Themas schriftlich zu formulieren und Fertigkeiten und Fähigkeiten unter Beweis zu stellen, welche sie in dem jeweiligen Prüfungsfach erlernt haben sollen. Beispielweise sollen sie in der Lage sein einen Sachtext inhaltlich zusammenzufassen, Fragen bezüglich eines bestimmten Themas kurz und bündig zu beantworten, Rechenwege schriftlich darzustellen und so weiter.

Schüler sollen lernen Sachverhalte, die sie gelernt haben schriftlich formulieren zu können und trainieren somit ihren schriftlichen Sprachgebrauch. Sie lernen, das die

Schriftsprache nicht unbedingt dem verbalen Sprachgebrauch entspricht und erkennen dadurch die Unterschiede. Oftmals muss man sich im Gebrauch der Schriftsprache formeller ausdrücken oder bestimmten Schreibmustern folgen, wie beispielsweise in einem Brief, Tagebucheintrag oder einer Bewerbung.

Selbstverständlich sind diese Unterschiede auch im verbalen Sprachgebrauch zu beobachten und werden in einer mündlichen Prüfung gefordert, allerdings sehen die Schüler diese Unterschiede deutlicher in einer schriftlichen Prüfung, da sie ihre Gedanken, Ideen und Antworten 'schwarz auf weiß' formulieren müssen.

Ein weiterer Vorteil den die schriftliche Leistungsmessung darbringt ist, dass die Planung in diesem Verfahren viel genauer und sorgfältiger erfolgen kann. Zudem ermöglicht dieses Verfahren eine genauere Analyse der gegebenen Antworten von Seiten des Lehrers.

Schrader und Helmke betonen sogar, dass eine Lehrkraft schriftliche Leistungen im Idealfall ungeteilt beurteilen kann und sogar sollte, um seinen Fokus eher auf die diagnostische Aktivität lenken zu können als es in einer mündlichen Prüfung möglich ist.[12]

Im Gegensatz zu einer mündlichen Leistungsmessung sind die Ergebnisse einer schriftlichen Leistungsmessung nicht flüchtig oder einmalig, sondern erlauben einen direkten und 'handfesten' Vergleich mit anderen Leistungen. Die Notengebung ist meist transparenter und Schüler können ihre gemachten Fehler sofort erkennen, mithilfe von Markierungen der Lehrkraft. Diese Leistungsmessung ist oft ersichtlicher für Schüler, da die Bewertung punkteabhängig ist und der Ermessensspielraum des Lehrers sehr gering ist. Dies bedeutet, dass die Gütekriterien exakter eingehalten sind in einer schriftlichen Prüfung.

Es scheint als birgt die schriftliche Leistungsmessung einige Vorteile für die Lehrkraft und seine Schüler, dennoch sollte man bedenken, dass diese Form der Leistungsmessung auch seine Nachteile mit sich bringt. Schüler haben wenig Möglichkeit ihren Gedanken freien Lauf zu lassen und können unter Umständen sogar ihr Können nicht unter Beweis stellen, falls sie eine Frage nicht genau

---

[12] Schrader und Helmke 2001, S. 46

verstehen. Sie haben wenig Möglichkeiten sich genauer zu erklären und müssen darauf hoffen, dass der Lehrer nach ihrer Antwort verlangt hat.

Außerdem kann es vorkommen, dass ein Schüler unter Prüfungsangst leidet und die Inhalte der Prüfung eventuell vergisst. Im Verlauf einer schriftlichen Prüfung hat die Lehrperson meistens aufgrund der Gegebenheiten nicht die ermunternde und unterstützende Position, wie es zum Beispiel in der mündlichen Prüfung der Fall ist.

Die schriftliche Leistungsmessung erweckt den Anschein, dass ein Schüler nur einer unter vielen ist und bedenkt in den meisten Fällen nicht deren Individualität. Entfaltungsmöglichkeiten bietet eine schriftliche Leistungsmessung Schüler selten.

4. Schlusswort

„Alltägliche Leistungsbeurteilungen im Klassenzimmer spielen eine wichtige Rolle für die Unterrichtsgestaltung und den Lernerfolg. Sie so vorzunehmen, dass das Lernen verbessert wird, ohne dass sich Schüler einer fortgesetzten Bewertung ausgesetzt fühlen, dürfte ein Schlüssel für den Unterrichtserfolg sein."[13]

Aufgrund dieser Ergebnisse zeigt sich letzten Endes, dass unabhängig davon, welches Verfahren zum Erfassen von Wissen und Kompetenzen herangezogen wird, jede Beurteilung einer gründlichen Lernzielanalyse bedarf. An einer solchen Analyse muss ein Lehrer im Vorfeld arbeiten, um dementsprechend den Aufgabentypus und Schwierigkeitsgrad für die Leistungsmessung wählen zu können.

Grundsätzlich lässt sich feststellen, dass die Beurteilung von Schülern eine schwierige und fehleranfällige Aufgabe für den Lehrer ist, ganz gleich ob es sich um eine mündliche oder schriftliche Leistungsmessung handelt, da beide Verfahren starke Vor- und Nachteile aufweisen.

Seine Aufgabe ist es die Bewertungsmaßstäbe vor der Durchführung einer Prüfung so klar und deutlich zu formulieren, um eine höchstmögliche Transparenz für die Schüler und Eltern zu gewährleisten. Fernerhin lässt sich sagen, dass diese Festlegungen eine bestmögliche Einhaltung der Gütekriterien garantieren können.

Alles in allem bewerten die hier aufgeführten Leistungsmessungen jedoch nur das Produkt des Lernprozesses und nicht den Schaffensprozess und die Entwicklung der Schüler. Sie alle spiegeln nur eine 'Momentaufnahme' wieder und werden meist nicht genutzt um Stationen des Lernprozesses der Schüler bewusst festzuhalten und zu reflektieren. Dadurch wird den Schülern selten die Möglichkeit geboten wirklich aus ihren Fehlern zu lernen, beziehungsweise ihre Etappenerfolge zu feiern.

Heutzutage wird daher immer häufiger die Methode des Portfolios vorgestellt, da durch diese Methode nicht nur die punktuelle Leistung beurteilt werden kann, sondern auch der Lernprozess und die Entwicklung der Schüler.

---

[13] Schrader und Helmke 2001, S. 57

Schüler bekommen die Gelegenheit ihren Lernprozess für den Lehrer darzustellen und zu zeigen wie sie schrittweise an der Lösung eines Problems arbeiten. Sie können mithilfe des Portfolios ihre Gedanken und Ideen schriftlich, sowie auch bildlich festhalten. Im Vordergrund stehen bei der Beurteilung dieser Leistung also der Prozess und das Produkt.

Einerseits ist der Einsatz dieser Methode im Unterricht aufwendig und verlangt nach einem tatkräftigen Einsatz des Lehrers, andererseits aber ermöglicht dieses Verfahren eine faire und nachzuvollziehende Bewertung von Schülerleistungen.

Leistungsbewertungen in der Schule, die Schüler und Eltern genau verfolgen und verstehen können sorgen für ein angenehmes, arbeitsreiches und zufriedeneres Klassenklima.

Portfolios können Schülern die Möglichkeit geben sich ein Gehör zu verschaffen für ihre Lernweise und somit ihre Gedanken, Ideen und Entwicklung. Sie können für Schüler eine Chance bieten in ihrer Individualität gefördert zu werden und in ihrem Lernprozess unterstützt zu werden, ohne ständig enttäuscht zu sein von ihren 'Momentaufnahmen'

Literaturverzeichnis

BARTNITZKY, H., „Die pädagogische Leistungskultur – eine Positionsbestimmung", in: Bartnitzky, H./Speck-Hamdan, A., *Leistungen der Kinder. wahrnehmen-würdigen-fördern* (Frankfurt am Main: Arbeitskreis Grundschule e. V., 2004), S. 27-40

NIPKOW, K. E., „Leistungsprinzip und Lernverständnis", in: Beckmann, H.-K. (Hrsg.) *Leistung in der Schule*, 1. Aufl. (Braunschweig: Georg Westermann Verlag, 1978), S. 7-32

SACHER, W., „Überprüfung und Beurteilung von Schülerleistungen", in: Apel, H. J./Sacher, W. (Hrsg.) *Studienbuch Schulpädagogik*, 3. Aufl. (Bad Heilbrunn: Klinkhardt, 2007), S. 284-310

SCHRADER, F.-W. & HELMKE, A., „Alltägliche Leistungsbeurteilung durch Lehrer", in: Weinert, F. E. (Hrsg.) *Leistungsmessungen in Schulen*, 2. Aufl. (Weinheim/Basel/Bonn: Beltz Verlag, 2001), S. 45.58

SCHWEIZER, K., „Intelligenzdiagnostik", in: Schweizer, K., *Leistung und Leistungsdiagnostik* (Frankfurt am Main: Springer Medizin Verlag Heidelberg, 2006), S. 70-83

Studienseminar Koblenz. *Leistungsdiagnostik und Leistungsmessung*. Online: URL: http://www.zweigstelle.studienseminar-koblenz.de/medien/pflichtmodule_unterlagen/2010/13/2%20Leistungsdiagnostik%20und%20Leistungsmessung%20(Skript).pdf, 03.07.2011